La chenille voyageuse

اليرقة المسافرة

Rayne Coshav

Illustré par Patrisia Marian

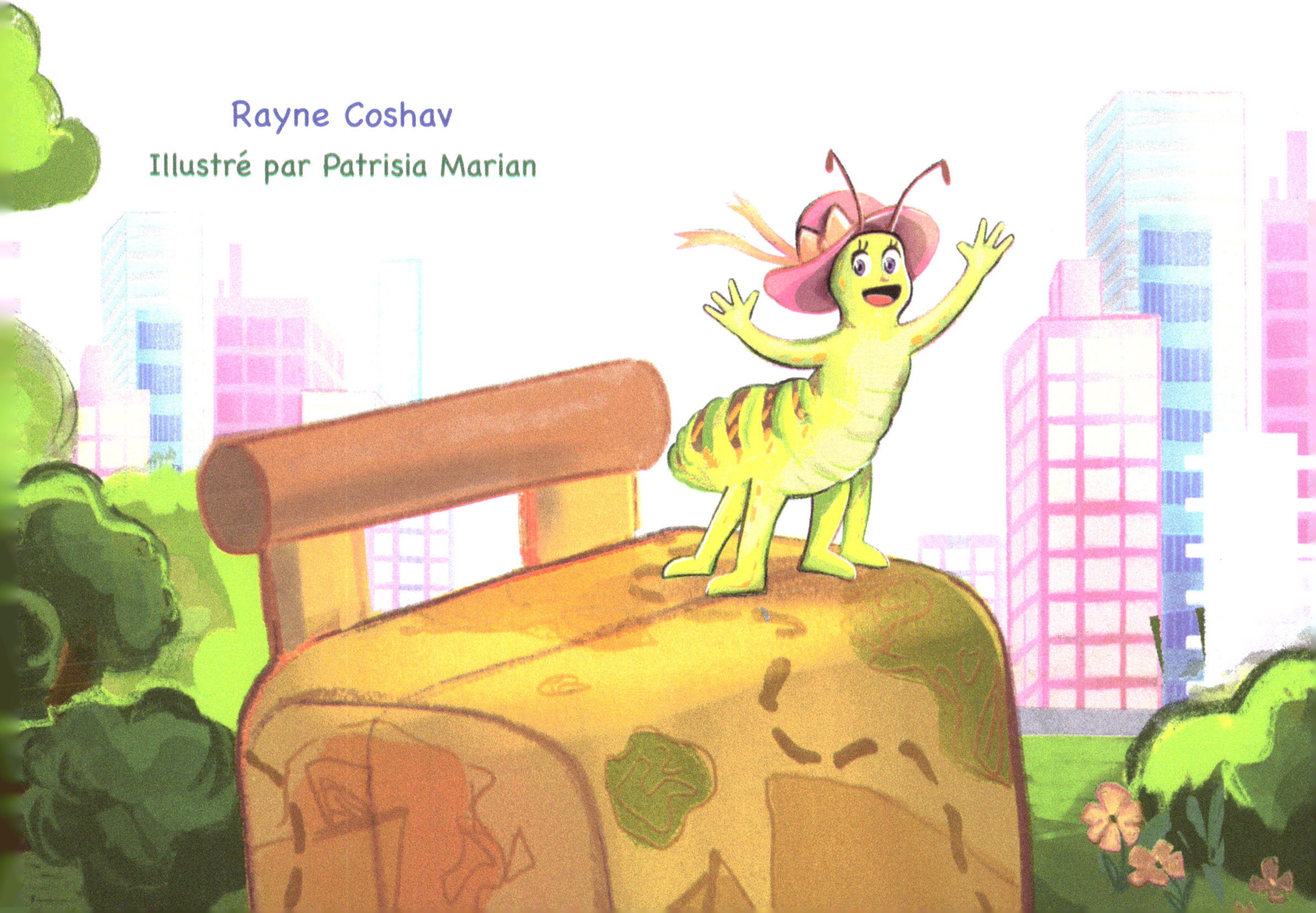

www.kidkiddos.com
Copyright ©2022 KidKiddos Books Ltd.
support@kidkiddos.com

Tous droits réservés. Aucune partie de ce livre ne peut être reproduite, sous quelque forme que ce soit ou par quelque moyen électronique ou mécanique, y compris les systèmes de stockage et de recherche d'informations, sans l'autorisation écrite de l'éditeur, sauf dans le cas de courtes citations incluses dans une critique littéraire. Première édition, 2025

Translated from English by Sophie Troff
Traduit de l'anglais par Sophie Troff
Translated from English by Omaima Al-Aloui
تُرجم عن الإنجليزية بقلم أميمة العلوي

Library and Archives Canada Cataloguing in Publication
The Traveling Caterpillar (French Arabic Bilingual)/Rayne Coshav
ISBN: 978-1-83416-312-3 paperback
ISBN: 978-1-83416-313-0 hardcover
ISBN: 978-1-83416-311-6 eBook

Veuillez noter que les versions française et arabe de l'histoire ont été rédigées pour être aussi proches que possible. Toutefois, dans certains cas, elles diffèrent afin de tenir compte des nuances et de la fluidité propres à chaque langue.

Un jour, il n'y a pas si longtemps, ma vie entière a changé.

مُنْذُ فَتْرَةٍ قَصيرَةٍ، تَحَوَّلَتْ حَيَاتِي بِالكَامِلِ فِي يومٍ واحدٍ.

J'étais juste une chenille ordinaire qui vivait dans la forêt avec sa famille.

كُنْتُ مُجَرَّدَ يَرقَةٍ بَسِيطَةٍ تَعِيشُ مَعَ عَائِلَتِهَا فِي الغَايةِ.

Puis un matin, alors que je me promenais, j'ai remarqué une chose que je n'avais jamais vue auparavant.

وَذَاتَ صَبَاحٍ، ذَهَبْتُ فِي نُزْهَةٍ فَرَأَيْتُ جِسْمًا غَرِيبًا لم يسبق لي رؤيتهُ من قبلُ.

C'était une grande chose bleue et brillante, posée sur quatre cercles.

كَانَ كَبِيرًا ولامعًا وأزرقَ اللّوْنِ، تَجُرُّهُ أَرْبَعُ طاراتٍ مِنَ الأَسْفَلِ.

Elle était si jolie que j'ai décidé de grimper dessus. Avant que j'arrive en haut, elle s'est mise à bouger !

كَانَ جَمِيلاً جِدًّا، فَقَرَّرْتُ تَسَلُّقَهُ، وَبِمُجَرَّدِ صُعُودِي أَعْلَاهُ، بَدَأَ بِالتَّحَرُّكِ!

Je ne savais pas quoi faire, alors je me suis cramponnée de toutes mes forces.

لَمْ أَدْري مَا عَلَيَّ فِعْلُهُ، فَتَشَبَّثْتُ بِشِدَّةٍ.

Nous allions si vite que j'ai cru que j'allais m'envoler !
Quand nous nous sommes enfin arrêtés, je ne reconnaissais pas le paysage autour de moi.

كَانَتْ حَرَكَتُنَا سريعةً للغايةِ حَتَّى ظَنَنْتُ أنني على وشكِ الطيرانِ، وَحِينَ وَصَلْنَا لَمْ أَتَعَرَّفْ عَلَى شَيءٍ مِنْ حَوْلِي.

Au lieu d'arbres, de rochers et de chenilles, j'étais entourée d'immeubles et d'humains.

صِرْتُ مُحَاطَةً بِالبِنَايَاتِ وَالنَّاسِ عِوَضَ الأَشْجَارِ وَالحِّجَارَةِ وَسَائِرِ اليَرَقَاتِ.

Trouverais-je le chemin du retour ? À quelle distance étais-je de chez moi ? Ma famille allait-elle me chercher ?

هَلْ سَأَجِدُ طَرِيقَ العَوْدَةِ؟ كَمْ يَبْعُدُ بَيْتِي عَنِّي؟ هَلْ سَتَبْحَثُ عَائِلَتِي عَنِّي؟

Soudain, une autre chose a attiré mon attention. Elle était jaune, ma couleur préférée !

فَجْأَةً، لَمَحْتُ جِسْمًا أَصْفَرَ، وَكَانَ لَوْنِيَ المُفَضَّلَ!

J'ai pensé que si je grimpais dessus, elle me ramènerait peut-être chez moi. Alors, c'est ce que j'ai fait.

فَظَنَنْتُ أَنَّهُ سَيُعِيدُنِي إِلَى بَيْتِي إِذَا مَا تَسَلَّقْتُهُ. لِذَا قُمْتُ بِذَلِكَ.

Peu de temps après, elle s'est arrêtée devant un bâtiment immense.

وَبَعْدَ وَقْتٍ وَجِيزٍ، تَوَقَّفَ ذَلِكَ الجِسْمُ الأَصْفَرُ أَمَامَ بِنَايَةٍ شَاهِقَةٍ.

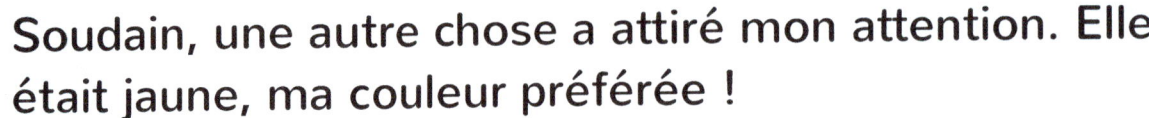

Je suis descendue et j'ai franchi de grandes portes. À l'intérieur, il y avait plein de gens. Je n'avais jamais vu autant de monde.

قَفَزْتُ مِنْ ذَلِكَ الجِسْمِ وَعَبَرْتُ بَعْضَ الأَبْوابِ الكَبيرَةِ إلى داخِلَ يِنايَةٍ تَعُجُّ يِحَشْدٍ مِنَ النّاسِ لَمْ أَرَ مِثْلَهُ في حَياتي.

Ils criaient et ils couraient dans tous les sens, énervés. J'ai failli me faire piétiner !

كانَ الجَميعُ يَرْكُضُونَ صارِخينَ مُتَوَتِّرينَ حتّى كادَ أَحَدُهُمْ يَدْهَسُني!

Quand je me suis enfin éloignée de la foule, j'ai grimpé sur une boîte pour me reposer.

قَابْتَعَدْتُ عَنِ الْحَشْدِ وَزَحَفْتُ نَحْوَ صُنْدُوقٍ حتى التقط أنفاسي.

J'ai faim, me suis-je dit. J'espère vraiment que je vais bientôt retrouver le chemin de la maison. Mes parents doivent être tellement inquiets !

"إِنَّنِي جَائِعَةٌ"، قُلْتُ فِي نَفْسِي، "أَرْجُو أَنْ أَجِدَ طَرِيقَ العَوْدَةِ بِسُرْعَةٍ. لَابُدَّ أَنَّ وَالِدَيَّ قَلِقَيْنِ عَلَيَّ جِدًّا!"

À ce moment-là, une personne est passée et a accidentellement laissé tomber un énorme morceau de nourriture sur le sol !

حِينَهَا مَرَّ شَخْصٌ فَوقعت قطعة كبيرة جِدًّا مِنْ طَعَامِهِ بِالصُّدْفَةِ أَرْضًا،

J'ai croqué une bouchée. C'était trop bon ! Je n'avais jamais mangé quelque chose comme ça.

قضمتها، فَكَانَ طَعْمُهَا لَذِيذًا جِدًّا. لَمْ أَتَذَوَّقْ شَيْئًا مِثْلَ ذَلِكَ طَوَالَ حَيَاتِي!

J'étais repue et fatiguée, alors je suis remontée sur la boîte et je me suis endormie.

شَبِعْتُ وَشَعَرْتُ بِتَعَبٍ شَدِيدٍ فَتَسَلَّقْتُ الصُّنْدُوقَ مِنْ جَدِيدٍ وَخَلَدْتُ إلى النَّوْمِ.

Plus tard, j'ai senti une drôle de sensation dans mon estomac. J'ai ouvert les yeux et j'ai vu que j'étais encore sur la boîte, mais dans un autre endroit.

بَعْدَ بُرْهَةٍ مِنَ الزَمَنِ، شَعَرْتُ بِدَغْدَغَةٍ فِي مَعِدَتِي فَفَتَحْتُ عَيْنَايَ وَوَجَدْتُ نَفْسِي فَوق الصُنْدُوقِ ذَاتَهُ، لَكِنْ فِي مَكَانٍ جَدِيدٍ.

J'étais à côté des pieds de quelqu'un et il y avait beaucoup de gens assis sur des sièges.

كُنْتُ بِجَانِبِ قَدَمِ أَحَدِهِمْ، وَلَاحَظْتُ العَدِيدَ مِنَ النَّاسِ جَالِسِينَ عَلَى كَرَاسِي.

Un petit humain m'a vue et m'a souri. J'ai sauté de la boîte et je suis partie en exploration.

نَظَرَ إِلَيَّ إِنْسَانٌ صَغِيرٌ وَابْتَسَمَ. قَفَزْتُ مِنَ الصُنْدُوقِ وَشَرَعْتُ فِي اكْتِشَافِ المَكَانِ.

J'ai gravi un mur blanc et le petit humain m'a soulevée jusqu'à la fenêtre.

تَسَلَّقْتُ جِدَارًا أَبْيَضَ اللَّوْنِ، ثُمَّ حَمَلَنِي الْإِنْسَانُ الصَّغِيرُ أَعْلَى النَّافِذَةِ.

Dehors, il y avait la plus belle vue du monde. J'étais au sommet des nuages !

فَلَمَحْتُ أَجْمَلَ مَشْهَدٍ عَلَى الْإِطْلَاقِ. كُنْتُ أُحَلِّقُ فِي أَعَالِي الغُيُومِ.

J'ai regardé par la fenêtre jusqu'à ce qu'il fasse nuit et que je ne voie plus rien d'autre que le ciel noir.

ظَلَلْتُ أُحَدِّقُ عَبْرَ النَّافِذَةِ حَتَّى عَمَّ الظَّلَامُ السَّمَاءَ وَحَجَبَ عَنِّي الرُّؤْيَةَ.

C'était le bon moment pour faire un somme, car j'étais fatiguée.

كَانَ هَذَا وَقْتًا مِثَالِيًّا لِأَخْذِ قِسْطٍ مِنَ النَّوْمِ بَعْدَ أَنْ أَدْرَكَنِي التَّعَبُ.

Quand je me suis réveillée, le soleil brillait.

حِينَ اسْتَيْقَظْتُ مِنَ النَوْمِ كَانَتْ أشِعَّةُ الشَمْسِ بَازِغَةً.

Il flottait une odeur agréable dans l'air et une personne distribuait des boîtes remplies de nourriture à tout le monde.

عَمَّتْ الأَرْجَاءُ رَائِحَةٌ طَيِّبَةٌ وَكَانَ هُنَاكَ شَخْصٌ يُوَزِّعُ صَنَادِيقَ طعامٍ صَغِيرَةٍ لِلْجَمِيعِ.

Le petit humain et moi avons partagé un repas. C'était délicieux ! Ça ressemblait un peu aux feuilles que je mangeais à la maison, mais le goût était très différent.

تَقَاسَمْتُ مَعَ الإِنْسَانِ الصَّغِيرِ وَجْبَةً لَذِيذَةً! بَدَتْ الأَوْرَاقُ الخَضْرَاءُ كَتِلْكَ الَّتِي أتَنَاوَلُهَا فِي المَنْزِلِ، غَيْرَ أنَّ مَذَاقَهَا كَانَ مُخْتَلِفًا.

À mon retour, je dirai à maman de préparer des feuilles comme ça pour le dîner, ai-je pensé.

فَكَّرْتُ فِي نَفْسِي قَائِلَةً: "حِينَ أَعُودَ إلى البَيْتِ سَأَطْلُبُ مِنْ أُمِّي أنْ تُعِدَّ لَنَا عَلَى العشاء وَجْبَةً مُمَاثِلَةً."

Soudain, tous les humains ont attaché leur ceinture et je suis remontée sur ma boîte.

فَجْأَةً، رَبَطَ النَّاسُ أَحْزِمَةَ الأَمَانِ فَعُدْتُ إلى صُنْدُوقِي.

Je me suis assise et j'ai senti qu'on se posait sur le sol. Peut-être que j'étais revenue chez moi ?

جَلَسْتُ فَوْقَهُ وَشَعَرْتُ أَنَّنَا عَلَى وَشَكِ الهُبُوطِ، هَلْ عُدْتُ إلى المَنْزِلِ!؟

Nous sommes sortis, nous avons traversé un long tunnel et nous nous sommes retrouvés dehors.

خَرَجْنَا وَمَرَرْنَا عَبْرَ نَفَقٍ أَوْصَلَنَا خَارِجًا.

Oh, l'air frais m'a manqué, ai-je pensé, en montant à l'arrière de la chose la plus brillante et la plus rapide du monde.

فَقُلْتُ فِي نَفْسِي وَأَنَا جَالِسَةٌ فَوْقَ ذَلِكَ الجسم الامع الذي لم أرى في سرعته من قبل: "أُوهْ، اشْتَقْتُ إلى اسْتِنْشَاقِ الهَوَاءِ النَّقِي."

Puis j'ai vu des gens embarquer sur un objet qui flottait sur l'eau.

ثُمَّ لَاحَظْتُ مَجْمُوعَةً مِنَ الأَشْخَاصِ يَمْتَطُونَ جِسْمًا مُتَحَرِّكًا فَوْقَ المَاءِ.

Ça a l'air amusant, ai-je pensé. Je devrais essayer !

فَفَكَّرْتُ قَائِلَةً: "يَبْدُو ذَلِكَ مُمْتِعًا. فَلْأُجَرِّبْهُ!"

Je suis montée dessus et nous avons commencé à avancer.

صَعِدْتُ فَوْقَ ذَلِكَ الجِسْمْ ثُمَّ تَحَرَّكْنَا.

Les vagues nous éclaboussaient et la ville devenait de plus en plus petite derrière nous.

تَلاطَمَتْ الأَمْوَاجُ فِي القَاعِ وَبَدَتْ المَدِينَةُ أَصْغَرَ.

Le bruit de l'eau était si apaisant que je me suis encore endormie.

كَانَ خَرِيرُ المَاءِ مُرِيحًا جِدًّا فَخَلَدْتُ إِلَى النَوْمِ مُجَدَّدًا.

Quand je me suis réveillée, nous étions déjà sur le rivage. Je suis descendue et j'ai vu une chose familière et brillante.

اسْتَيْقَظْتُ وَاكْتَشَفْتُ أَنَّا بَلَغْنَا الشَّاطِئَ فَنَزَلْتُ وَلَمَحْتُ جِسْمًا بَرَّاقًا مَأْلوفًا.

Je devrais grimper dessus, j'ai pensé et je l'ai escaladée vite fait.

فَفَكَّرْتُ فِي نَفْسِي قَائِلَةً: "عَلَيَّ أَنْ أَمْتَطِيهِ." فَتَسَلَّقْتُهُ.

Après un long trajet épuisant, j'étais de retour dans la forêt – ma forêt !

وَبَعْدَ رِحْلَةٍ طَوِيلَةٍ وَشَاقَّةٍ، عُدْتُ أَخِيرًا إِلَيْهَا، غَابَتِي!

Je suis descendue et je les ai vus. Ils étaient tous là, ma famille ! Juste devant moi !

نَزَلْتُ وَلَمَحْتُ عَائِلَتِي هُنَاكَ! أَمَامَ عَيْنَيَّ!

J'ai couru vers eux et j'ai serré fort mon père et ma mère. J'étais si heureuse d'être de retour à la maison !

رَكَضْتُ صَوْبَهُمْ وَاحْتَضَنْتُ أُمِي وَأَبِي بِحَرَارَةٍ. كَمْ ابْتَهَجْتُ بِالعَوْدَةِ إلى المَنْزِلِ!

C'était une aventure palpitante, ai-je pensé. Je devrais recommencer, mais la prochaine fois, j'emmènerai ma famille avec moi !

قُلْتُ فِي نَفْسِي:" كَانَتْ مُغَامَرَةً شَيِّقَةً. لكن يجدر بي تِكْرَارُهَا، عَلَى أَنْ أَصْطَحِبَ مَعِي عَائِلَتِي فِي المَرَّةِ القَادِمَةِ."

www.ingramcontent.com/pod-product-compliance
Lightning Source LLC
Chambersburg PA
CBHW061144070526
44584CB00033B/4415